ANTIQUITY

ADISA ANDWELE
(AJA)

PEEPAL TREE

First published in Great Britain in 2002
Peepal Tree Press Ltd
17 King's Avenue
Leeds LS6 1QS

ISBN 1-900715-72-4

ANTIQUITY

CONTENTS

w o r d s

c h a n t s

WORDS

ANTIQUITY

leh muh reach
fuh de mem'ry of muh pas'
so uh could be
wid de African spirits
that sing down in muh soul

leh de djimbees lively up muh feet
wid de invisible riddims of history
that uh could dance back pas'
de horror
de torture
de ship
de whip
de licks that stick
pon muh back

leh de mem'ry possess muh body
so uh could laugh wid de elephants
an' play wid de lions
yes, leh de mem'ry
choreograph de heritage
of muh people
inside of me
to mek muh see muh ancestors
when them blow through de window
flicking de smut-lamp
to mek muh stretch far back in de night
back where uh could see muh young days
befo' them was uh plantation yard

how could-uh ever fuhget
de drum de fire de chants

reflecting through this moonlight night
offuh muh gran'childrun' faces
as them clap han's
dancing roung them distant fires
that still out there burning

yes they are burning
in dem de orishas are worshipping
uh could hear
de sweet sweating sound
of flames flickering
calling

they are calling
because yuh stayed
yuh didn't disappear
hiding yuhself
under de talk of massa tongue
disguising yuhself all along

but these glimpses of you are fading
wid de unfolding years
fuh history is fuhgotten
tradition is term ole fashion
an' fads an' foreign follow-pattern
done way wid we ole time tings
so greatgrans don't know
how grandma uses to tie-up she head
respect de eart' an' drink it herbs
singing to she self so ever'body could hear
as she stir de coal-pot between two rocks

fuh history get fuhget
an' de echoes nuh longer

blow off de gully to de city
dah sound of *hot peas an' butter*
or *innuh fine castle*
fuh de moonlight's now silent
wid de screaming colours of tv
fuh progress came fast
transforming we from uh village
to uh developing nation
misleading an' blinding all muh childrun

but i am here alive
remembering midnight rituals
when de fires dance an' sing
yes i am here
wid uh mem'ry that survive
that is carr' muh back pas'
brainwash illusions an' views
back to
antiquity
back to
de black
ancestral regions
of muh mind

CROSSINGS

I

it was uh black
pitch-black night
down through de silence
creep uh shivering wind
but quick quick so
de congo drumbeat bawl-out no
an' befo' yuh know
uh hand grab muh throat
suffocating muh brain

from muh lan' in chains
it tek muh way in pain
as muh moans fuss
wid de roaring sea
crossing   cussing   screaming
until uh lan pon top
uh crumble-up limestone mountain peak
to become choke-up an' silent
submerging de rebellion
that now dream bout
de deliverance that is to come

OH GOD OUR HELP IN AGES PASS
OUR HOPE FOR YEARS TO COME
OUR SHELTER FROM THE STORMY BLAST
AND OUR ETERNAL HOME

II

this mountain peak
is really uh pebble
uh halfway house
in de Atlantic sea
it's uh prison
that retain de ole colonial smell
resting pon top
brek-down coral reefs
built up from footprints of slaves
fixed in time like fossils
burying de culture of Africa

it's uh society that's not easy
uh lan' of many disguises
resembling too many places
of books an' papers
that tell uh story but not bout we
it's uh lan of many churches
that lead to rum-shop corners
while de house of assembly haunt
wid de mem'ries of de auction block

HOW SWEET THE NAME OF JESUS
SOUNDS IN A BELIEVER'S EAR

III

de ole ship port is now a city
de streets are paved
an' zebra crossings cross de roads
now it's bout corporate imaging
an' old policies laid down by them
hanging from de board-room walls
it's them that drew up de plan
to keep de niggers pon de plantation
nuh mo' cut-ass
fuh de jackass slaves
that causing problem
name them civil servants
rename de tenantries
call them parks heights an' terraces
hide de ole african images
by painting English graces pon them faces
call in de preachers
to teach them de holy scriptures
call one or two de boss
so black resistance will get toss
fuh de emptiness pon them brain
to grow moss
at de sight an' sign
of de cross

AFRICA MOTHER

have yuh ever lie down in de night
listening to de wind
blowing cross de country
an' heard de moans
of uh woman missing she baby?

have yuh listen in de darkness
of de early morning
an' heard dew drops hitting
de back-yard paling
an' heard uh mother crying
who lost one of she childrun?

have yuh heard dogs barking
at invisible noises
heard spirits murmuring
that another soul get tek 'way
driving uh woman to despair?

have yuh ever wake up an' wonder
wuh really happen to Africa
an' feel that yuh was dreaming
bout uh mother who can't find
she son an' daughter?

RIOTS IN BRIXTON

another grey morning in London town
de rain down deh still pon de groung
an' yuh find yuhself standing there
like uh statue in Trafalgar Square
can't imagine how years fly
an' yuh wonder
"how de shit i get here"
under these dark clouds?

it is years now
yuh left de Caribbean
London was de destination
uh journey yuh saw
as uh inspiration
an' not nuh tragedy
so wunnuh jump ship
an' jump pon de bandwagon
emigrating to de buses
as bastard childrun of Britain

yes, wunnuh export yuh selves
as legal human cargo
sailing in pon airplane
as modern-day slaves
finding wunna way
to pledge yuh allegiance
flickering wid fires of hope
until yuh come face to face
wid street lamps of scorn
an' glares of hate
that tell yuh to guh long back
to where yuh come from

an' de blood chills yuh spine
at de thought
it's uh feeling of emptiness
of being uh unwelcome guest
an' yuh thoughts disappear
through de middle passage
of fuhgotten mem'ries

yuh remember de drum
an' see de mist climbing down Mount Hillaby
turning de Blue Mountains black
yuh see de Northern Range an' Soufriere
painted wid de volcanic blood
that flow from them mountain peaks
to mek yuh remember emancipation
an' mek yuh start bawling fuh freedom

an' in de darkness de lion tee't awake
as de blood gush down
yuh busted lip an' brek-up jaw
so wunnuh went an' set fire to de streets
pelting wunna patois obeah language
pon de police
who call wunnuh barbaric
as wunnuh brek-up de place

but wuh really fire yuh up
to buss up de royal system
was de voodoo spirits
playing steel pan
an' juking up de volume
pon de reggae sound system
yes, it was de crucified congo ritual

that start de revolution
when wunnuh all get together
an' riot
riot all 'bout
in Brixton

BAJAN POETRY

I
de roar of de lion
eccuh in yuh brain
still fast asleep in
de black regions of yesterday
then de dawn unfolds yuh senses
to anuddah day
then yuh realise
it was de Transport Board bus
that cause de roar
but yuh ain't too sure
cause it could-duh been
dah ole stray dog
that barking at de fowl-cock crow

it's six o'clock
an' tropical cold
keep de black outlines of uh man
under uh blanket
while hot coffee smell
try to get he outtuh bed
an' voices that ain' appreciate de hour
sneak through de louvers
as uh pillow try to cover de car horn
while party politics talk
squeak between de walk
of bicycle spokes

de road is still wet
as school childrun humour tek over
bouncing off pothole brakes
an' round-a-bout rage

causing skids of verbal abuse
tyre squeals of marital tension
an' debt collector threats
visit visible vex faces sayin' them late
as de hour rush pass de morning
an' it ain' getting nuh easy
cause de bossman don't like it
when de card ain' get punch in early

de morning geh way
to de midday heat
steaming from uh couple-six
that pass de whole board
slam down hard pon de domino table
under de tam'rind tree
where yout's hang out
meking out outtuh wuk
splifs encircle de brethren
an' de air's full
wid de aroma of de bajan green
it's uh peace ritual
so de hard times
ain' really uh bother
cause t'ings just irie

II
now town is about to close
as car-horn rush
bounce-up pon mini-bus hustle
meking side-walk bustle
wid vegetable baskets an' fruit trays
that teking up too much space
not allowing de fashion parade
to tek place by de industry chossels

that wonder if they still got jobs tomorrow
as back in de board room
big-belly men shake hands
crack joke, pat backs
as de cigar smoke
consecrate de smell of rum
that lift wid de toast
in de air of corporate fun
celebrating de selling-out
of de workers by de union
but this can't stop de jam in de dub
fuh saturday night
is always uh party
an' them walk wid de music
guhin long down pon roller skates
guided by de lights
in de psychedelic club
that distract de future

III
sunday will come
an' fuhgiveness will be asked
yuh will guh long back home
hot an' sweaty
but inspired an' saved
in yuh three-piece suit
or tall-heel shoe
soon de sun will set on anuddah day
an' befo' yuh know it
de night will catch yuh
saying yuh last pray
befo' yuh guh to sleep
to be awaken again
to start yet anuddah monday

TOMORROW

outtuh empty homes
them run one anuddah bout
early in de morning
laughing
starving
barefoot playing
wid nuh clothes
in de cane groung
wearing dem skin-cuffins

out pon gully-hill
them pelt rocks at monkeys
imagining them pelting grenades
at black people
like de mercenaries them see
last night pon tv

an' hot de sun is reflect
offuh cow pen an' paling
offuh bareback black childrun
but de hunger is mek them remember
that them ain' had nuttun
to eat this morning
an' got to wait
til mah come back home
in de evening

sometimes them get lucky
when uncle pass
an' geh them money
to buy uh sweet drink
to full them belly

an' through de last gasps
of de dying day
happiness fill de air
as them meet them mother
coming up de track
teking de load from offuh she back

later in de night
befo' de invisible altar of de Lord
she will bow she head in pray
begging
pleading
that she find de strength
to find some wuk
so she childrun could eat
tomorrow

CRAFTSMEN OF THEM FATE

outtuh de snore of de night
uh child cry out
open its starve-out eyes
an' peep at de oil stove
burning
to boil water
to mek tea

too young to understand
wuh t'ings suh hard fuh
he eyes blink wid ever' roar
down in he belly
hoping
waiting
looking at mah
in de mek-out kitchen

but de shed ruf out there
never changes
though time flies
an' de chains stretch
until he see heself
standing in uh ghetto
painted pon uh mural
decorating de streets
of Bridgetown Castries
Johannesburg, London an' New York

wid backside down pon de groung
he grow to wonder bout other lives
dreaming bout living
in de plantation mansion

wondering wuh it would be like
wid out having to wonder bout not eating

an' is nights like this
when childrun in Barbados
first village of freedom
is get possess by de reflection
that boung-back off uh
Content, Blowers
an' Dunscombe plantations
on nights like this
de time is come
when in de morning
pop-belly childrun
is stop staring at shed-ruf poverty
is stop being motionless shadows of time
to become true guardians of them heritage
an' firm craftsmen of them fate

MEMORIAL FUH UH HERO

pot-holing through cart-road
an' sugarcane tracks
home in Chapman lane
was uh 12-cent place to rest
an' that was pon uh good pay day
when sugar was king
an' de planter was lord

to resist was to starve
de best yuh could do
was behave yuhself
an' tek yuh place like uh chile
in de line fuh wuk
dah was de time
of starvation grievances
an' Sedge Pond consequences

from time to time
we try to escape de reality
living down between
de cane-groung an' gully
but de pathway home
always carr' we back
to de tenantry
back to de concentration camp
back to de work gang
in de potato fiel'
uh assembly line
manufacturing
"uh don't know who yuh father is"
black childrun

them mek sure we had nuh herocs
fuh long gone was Prescod
an' de sperm of Ben an' Sambo
of Cuffie an' Bussa
get dry up ever' long-time since
an' de spirit of Nannie Grigg
never bring forth anuddah man

it was de coronation year
uh time of front-lawn pageantry
pat-on-de-back white-suited house slaves
pompousetting, pretending they was white
dress to death in tails top-hat an' all
knowing that we were there
peeping over de Marine House wall

de sell-outs mek sure
them was nuf topics of gossip
an' laughing occasions
them was de honourary whites
who couldn't be invited in de board room
but played cricket well
to feel honored
firing uh drink after de game
wid de plantation owner

an' pon sundey after sundey
de music of de royal school
uses to entertain de aristocracy
blessing de plantocracy
an' reassuring them sitting in de back
wid them house-slave mentality
while all de while
not far from de College Gate

Church Village fester like uh sore
down in de belly of de poor
that live next door
to de church of England steeple

an' then just so outtuh de blue
we dreams sudden so come true
like if yuh spirit was listening
to de emptiness
rumblin in we belly
yes just so
pon de shores yuh appear
an' in uh few days mo'
thousands of we
yuh was talking befo'

down in Lower Green
yuh wake up de masses
in Golden Square
yuh call police lackeys an' jackasses
from de time yuh came
this lan' has never been de same
fuh at last
we hearts found uh hero

so we riot de streets
when we hear that them tek yuh 'way
dah night was uh funny day
an' fuh three days straight
we din't care
drinking we blood
that get turn into wine
meking de day

uh carnival in we hearts
an' uh nightmare fuh them
that try to bury yuh name

now today yuh spirit lives
yuh voice still eccuh
outtuh de womb of time
an' from dah july 26
we knew yuh was we national hero
we didn't have to wait
fuh it to be officially bestow
to know
de place that yuh hold in this society
but still it was
uh necessary correcting
of de history books
uh inevitable victory
that was sealed in yuh words
educate
agitate
but
don't violate

DE SACRIFICE

them sit there staring motionless
de past etched in stone upon them faces
as de moans eccuh deep widin
from de back-breking sugar-cane loads
from de clanking of chains
vibrating from them feet to them brains

dress to death
branded in de clothes
an' hol'ing fast to uh culture
from time long gone
them eyes tell it all
de consequences of survival
as their vision peep
from far far back into yesterday
watching de troops
pon de parade square
de gun salute
de flag raising
de marching
de order fuh arms
fuhever watching
but could never look nuh further
to see de future

this is their time
their show
their glory
this is their once-uh-year fashion parade
one by one they will die
an' de little pension
won't pay-off fuh de deception

them burials are ole boys reunions
in de hole anudduh will go
to be cover down wid mole
de flower pon top
wilting to uh tombstone that never was
uh reminder of a life sacrificed
centuries after crossing de water
from africa

I RASTAFARI

in de heart of de night
de heartbeat drums
sound uh itical upliftment
beating pas' de mill yard
haunting de mem'ry of de dead
still hanging from de trees
on Bayley's plantation

it's uh meditation
where de riddims sing
hymns of war 'bout
ever' massa's massacre
eccuhing all de way back to Africa

an' down from top
de blue hills of Jamaica
Marcus Garvey came
wid visions of uh reunited Africa
uh new life fuh de deface black race
as dreadlocks grow like uh vine
stretching back to Africa
transmitting messages from de ancestors
fuh rastafari to unfold pon every islan'

an' now
roung Maroon fires
uh could hear
de heartbeat chant
thrumming pon de guitar of Marley
seeing through de visions of Garvey
reflecting outtuh de intellect of Rodney
confronting de babylon system

to resurrect I an' I
de Conquering Lion of Judah
King of Kings
Lord of Lords
Jah
Rastafari

CONSCIENCE OF UH WOMAN

all uh could do is sit
here in this door-way in muh mem'ry
trying to sell uh few sweet potatoes
down here in Cheapside
pon this saturday morning
bright an' early
uh can't believe
how de worl' change suh fast
three centuries already pass
in this far-off lan'
it was always hard hard
from heading cane
an' scrubbing floors
to trying to mek uh dollar
outside this door

an' de years change some of de men
that come cross wid muh
who call themselves we leaders
turning them into new massas
but too frighten
to look back in de pas'
to mek uh diff'rent future
so despite de changes
we really ain' left de fiel's
though big car got muh daughter in uh trance
as she try to move up in de scene
an' muh gran'daughter is at Queen's
growing up to be just like she
readin' *Vogue* an' *Glamour*
an' dreaming bout being uh beauty queen
posing pon de front of uh magazine

but uh could still hear
de ole plantation bell ringing
roung de neck
of them that come 'cross wid we
that cut cane wid we
that get whip wid we
to resurrect in me
muh fuhgotten mem'ry

COLD MORNING

cold morning
fowl-cock crowing
cold morning
dogs barking
an' de preacher man
down there praying
calling roung de corner
to save yuh mother
who waiting pon de water
bawling out
"wuh yuh stop fuh boy?
try an' come long
an' know daddy in construction
an' waiting to bathe
in this morning confusion"

cold morning
yuh got to sweep de yard
clean yuh shoes
an' guh to school
cold morning
an' t'ings real brown
"so look boy
stand home today
fuh school far away
bus fare too high
an' yuh father pocket
can't afford it"

cold morning
anudduh hard start
but yuh is uh big man now

to face t'ings hard
so cold morning
catch yuh uh security guard
but yuh don't walk too far
cause uh tourist like yuh
an' yuh hustle uh little
an' get mo' money
by pushing coral

cold morning
an' t'ings real rough
fuh anudduh baby
creep in de family
where t'ings ain' easy
so how yuh sister guhing feed he
wuking in de market
an' waitressing at night
to mek uh little piece
when sailors come into
de country?

sun setting
crickets singing
soon de cocks in de trees
will start crowing
an' dogs in de gap
will be barking
in two two's ever't'ing
will be happening
starting anudduh
cold morning

CRACK OUT

down Broad Street de other day
uh saw him
nuh clothes pon he back
it was brother biggs
bare-foot walking

an' uh sight in he eyes
de asking
fuh uh dolla' or two
to buy somet'ing
uh sight in he eyes
uh plea
so uh tek out one dolla'
an' geh he

then uh came outtuh town
one dolla' short
ten dolla's poor
an' guess who uh see
at de pusher-man door
looking at me
laughing at me
cracking up at me
crack out

IF ONLY

if only
Bim was de US
it would be more powerful than de rest
we would test missiles in nevada
bomb Chicago
an' put embargo pon Washington
fuh not importing we cargo

if only
Bim was de US
it would have TV networks
exporting cou-cou an' flying fish
it would have satellites to beam
Chalky Mount pottery
to penetrate New York City

if only
Bim was de US
we PM could don't give uh damn
bout world opinion
he could create uh pretext
to invade Mississippi
to protect Bajans from racism in de county

if only
Bim was de US
it could influence ever'body
Florida would be we colony
an' them that cut cane in Miami
would really be spies
from we **B**ajan **I**ntelligence **A**gency

if only
Bim was de US
it would mean that one day
de US people would become we
fuh yuh see
ever' dog got it day
an' moon is run till day catch it

IS IT ENOUGH

is it enough
to say yuh sorry
fuh de way t'ings
turn out to be
while yuh still keep in place
de priv'leges of history

is it enough
to say excuse me
have pity
cause muh deficiencies
is uh result of slav'ry

is it enough
that de sun knows de secrets of life
an' yuh never got time
to look at de moon
full wid fire an' fantasy
cause tv is always in control
channeling yuh thoughts
an' flicking yuh feelings an' fancy

is it enough
to escape pon uh sunday
to sermons shepherds an' sheep
to eating bread an' drinking wine
to believe
yuh sins are relieve
an' don't stop to think
yuh might be getting deceive

so will it be enough
when yuh lie in uh casket of social status
as them sit silent in solemn ceremony
to hear yuh eulogy
will yuh achievements
tell uh good story
will it
really be
enough?

A CHILDLESS CHILD

out of the darkness where monsters hide
he always came
i knew he was there from the awful smell
night after night i would wake
to await his hands
probing through the cradle rails
his fingers a spider
running up between my legs
until the pain made me cry
bawling away my innocence

for others the crayons drew beautifully
showing off their homes and families
but they never coloured pictures for me
though i tried and tried
even lied
creating my mother out of the sky
but at the end all i had to show
was a blank canvas of questions

my toys are bullet-holed vests
and abandoned shells
i look forward to explosions
and laugh when the earth shakes
uncle tells me i have to grow up quickly
to be a martyr like my daddy
now at nine here i am
patrolling with an M-16

last night i saw a man beat a woman
then he raped her
the pain of her voice tried

but couldn't overcome
the salsa-blaring noise of the streets
where my mother left me
too many mouths to feed she said
so i grew to find myself
against this breakdown wall as i sit
with my only comfort a hit

POEM OF LOVE

i would have loved
to wake you up with a kiss
as the sun dawned on your new year
to roll over on top of you
and whisper in your ear
i love you
but the distance of land and space
has got in the way
and i can't be there
to give you my love
on this day
so all i can do
is to write this poem
to show my love for you

i would have loved
to make your breakfast
to bathe and dress you
to take you lunch
and bring you flowers
and when the sun set
to take you dancing
and then visit stars and galaxies
for us to explode in ecstasy
but space and time
will not allow these things
so all i can do
is to write this poem
to show my love for you

CHANTS

IT DREAD

it dread
it lick up we head
it dread
colonialism in dead
but we just can't see
wuh lie ahead
we just can't see we selves
an' wuh them years
of slav'ry do

to de West Indian
who build mo' school to be educated
an' feel papers mean that we liberated
while uh minority guh to university
an' then can't mix in society
an' de priv'lege wuk in civil service
in city street bank or foreign office
while de rest is struggle
as de low class
de wuking jackass
that facing it hard
exploited pon industrial yards

(chorus)

de dumpsy boys
walking bout unemploy
de 'C' formers
who them say was uh waste
so get put 'way all them days
of school years
so uh see why them now poor

an' why crime is come from de ghetto
an' it ironic them up there can't see
de education is wuh blind we
an' got we think we free

　　　it dread
　　　it lick up we head
　　　it dread
　　　colonialism in dead
　　　but we just can't see
　　　wuh lie ahead
　　　we just can't see we selves
　　　an' wuh them years
　　　of slav'ry do
　　　to de west indian

DEAD IN VAIN

in de heat
of de dancehall beat
she sweating passion
uncoil from she feet
black in uh blon' wig
down pon de floor
in uh battie-rider
exposing de show

she is uh dancehall queen
on de babylon scene
wuking up high
guhing down low
got de boys looking
as she cane syrup flow
them stan' in de front
an' grow from de glow

an' in between
de bass an' de lights
de club is uh slave ship
pack down tight tight tight
wid young girls out there
down pon de bow
telling de men
come an' ride muh now

but in between
de bass an' de lights
de DJ like he ain' get it right
fuh sudden so de music stop

an' up pon top marley was heard
chant an' asking wuh gone wrong
while singing de lines of redemption song
yes over de music he shout an' bawl
is this wuh Tosh an' I dead fuh
is this wuh Tosh an' I dead fuh
is this wuh
I an' I ...
cha-a-a...!

BLACK DISTANT VOICE

them put we here in them ole time days
an' all through de years
them keep we down as slaves
an' when them say that slav'ry done
them Babylon system come
so from Soweto to de West Indies
from Brazil there to de U.S.A
all uh see is de black man fall

> *but uh hear uh black distant voice*
> *down in de ghetto*
> *an' it chanting*
> *an' it singing*
> *uh hear uh black distant voice*
> *down in de black diaspora*
> *an' it chanting*
>
> *get up black man an' dance*
> *get up black woman this yuh chance*
> *get in de power an' shake*
> *get in de power*
> *an' shout out loud*
> *amandla amandla*
> *get in de power*
> *an' shout out loud*
> *amandla amandla*

an' in de hip-hop of U.S. cities
cocaine smoke fill de air
an' burning pon dah White House fire
is de dream of Martin Luther
but as this thick black smoke

rise an' fall
uh see uh spirit standing tall
dress there so in ites gold black an' green
de ghost of Garvey standing still

(chorus)

so look look look an' see
that de black man guhing down in ever' country
peep through de eyes of yuh fellow black man
an' see that de struggle still at han'
so wuh wuh wuh yuh in do
yuh in guh long being uh slave an' stool
divide an' rule still wuking today
so de West Indies split apart
de civil rights movement false start
Brixton now uh museum of art
an' when uh look at de motherlan'
all uh see is coup hunger f'ustration
fuh when uh look at this worl' plan
all uh see is destruction fuh de black man
destruction fuh de black man
but uh could hear
uh could hear

uh black distant voice
down in de ghetto
an' it chanting
an' it singing
uh hear uh black distant voice
down in de black diaspora
an' it chanting

get up black man an' dance
get up black woman this yuh chance
get in de power an' shake
get in de power
an' shout out loud
amandla amandla
get in de power
an' shout out loud
amandla amandla

uh husban' seek help fuh he pregnant wife
uh tetanus victim that need not die
an' this is global shame
when somet'ing simple an' plain
killing nuf women
ever' day ever' year it's de same

> *an' yuh tell muh*
> *that de worl' progress*
> *yuh tell muh to look ahead*
> *but all i see is dread*
> *all i see*
> *poor people dead*
> *poor people dead*
> *all i see*
> *poor people dead*

an' in de decade of de nineties
uh billion childrun did born
but millions of them did suffer an' die
befo' them reach age five
an' in countries cross de globe
childrun is get abuse
they are tortured abducted an' sold
an' kill by invading soldiers

(chorus)

an' drought killing nuf
in Africa lan'
while blue-eye boys
spen' billions pon arms

an' de U.S. is talk bout
star wars
movie stars
an' secret missions to mars

(chorus)

an' third worl' goods can't import
into American ports
while de worl' bank put credit squeeze
pon Latin American countries
so Peru peasants grow cocaine
to pay back foreign debt
now bandits laugh pirates grin
lords of de global drug ring

(chorus)

so how de worl' progress
when de rich don't care
bout de rest
an' got de worl'
in uh mess
fuh all i see is dread
all i see
poor people dead
poor people dead
all i see
poor people dead

DE BANANA MAN

it's de banana man
wid he cutlass in he han'
sweating like de road in de rain
it's de season fuh hurricane
de roof still leaking
uh han' uh day can't pay
but he chile is nine
an' she ain' fine
down town wid she mother
in Castries selling
competing wid she sister
an' she brother
looking fuh uh dollar
where them in nuh people
so he tek wuh he get
fuh de house to get mek

de banana man
de banana man
de banana man
wid he cutlass in han'

it's de banana man
wid he cutlass in he han'
struggling pon little islan's
climbing hills of hunger
created by we politicians
an' he wuking
an' he sweating
an' de rain falling
an' de mist descending
an' he cold an' he coughing

but de transport ain' coming
so he cold in de coffin
cover down wid mole
down in de hole
of he ole ancestors
living days them once experience
continuing de suff'ring
an' de struggling

de banana man
de banana man
de banana man
wid he cutlass in han'

an' this is de life
of de Caribbean man
born an' dead pon these islan's
run by afro-saxons
cause education mek them politicians
an' them just don't care
but soon will pay
cause de banana man
still walking long them slave trade days
but he walking long them days
wid he cutlass in he han'
de banana man
soon tek uh firm stan'
de banana man
de banana man
de banana man soon rise up
wid he cutlass in he han'
dread them politicians
an' unite de Caribbean

LIGHT UH CANDLE

across de face of de earth
inhumanity is uh curse
there are millions of starving childrun
fuh politrics they are dying
so tell muh where is de justice
who to blame, where de accomplice
that suffer so many childrun to die
tell muh why tell muh why tell muh why

feet stumble pon uh groung that parch
moving to de death march
them is feet of uh Somali chile
that know that it will die
uh could see de pain in its eyes
hear silence in its cry
as warlords play wid millions of lives
tell muh why tell muh why
tell muh why why why why

> *light uh candle fuh de childrun*
> *light uh candle fuh hope*
> *light uh candle*
> *fuh de chile at birth*
> *de future of mother earth*

> *light uh candle fuh de childrun*
> *light uh candle fuh peace*
> *light uh candle*
> *an' put in yuh heart*
> *leh it shine*
> *right through de dark*

moans still groan in Soweto
fuh de childrun an' Steve Biko
when apartheid in Pretoria
imprisoned freedom in Africa
but though new flags now uh see
de black chile still not free
of hunger drought disease an' strife
tell muh why tell muh why tell muh why

uh Palestinian chile doom when it enter life
it will grow up to be uh refugee
in de lan' that belong to he
an' de Israeli armour toy
is run down little boys
shoot an' kill them fuh throwing stones
tell muh why tell muh why
tell muh why why why why

(chorus)

an' childrun sleep pon de groung
in streets of South American towns
an' in them big cities
childrun are abuse
an' love fuh them is refuse
an' wufless men rape childrun
scarring them fuh life
tell muh why tell muh why tell muh why

but at de fountain of creation
Jah look an' cry
knowing that when man
destroy de chile
he destroy de root of life

but Jah childrun will rise one day
an' mankind will have to pay
but why this have to come to be
tell muh why tell muh why
tell muh why why why why

light uh candle fuh de childrun
light uh candle fuh hope
light uh candle
fuh de chile at birth
de future of mother earth

light uh candle fuh de childrun
light uh candle fuh peace
light uh candle
an' put in yuh heart
leh it shine
right through de dark

LIVING IN HELL

uh bullet-hole body get splatter pon de wall
uh building get bomb wid childrun an' all
uh mother wid young lie dying from AIDS
while she starve-out childrun stare into space

uh garbage dump search an' lunch is found
by young boys crack out from town to town
uh teenage girl is rob an' rape
cause she refuse uh man to guh pon uh date

> *we got to be living*
> *we got to be living in hell*
> *we got to be living*
> *we got to be living in hell*

across de worl' is nuf poverty
but de building of arms is big money
while de baby is bathe when de sewage is flow
an uh dirt floor bed is all he know

pray pon de lip, holy book in he han'
but gun in de next fuh he fellow man
an' many getting kill fuh class an' race
de whole t'ing is uh human disgrace

> *we got to be living*
> *we got to be living in hell*
> *we got to be living*
> *we got to be living in hell*

de history of man
is one of war an' plunder
nation fight against nation
to conquer
race rise up against race
an' religions misplace
de spirit of Jah widout uh trace

there is too much hate in de worl'
too much strife on mother earth today
there is too much war in de worl'
unite to mek de worl' better today
leh we hold han's wid our brotherman
leh peace on earth be de worl' plan
fuh we all must live as one

big nations rise to claim
control over sea an' lan'
in de name of kings an' queens
it was plan
them split de worl' wide
leaving poor people lives
uh daily struggle to survive

(chorus)

when will this stop
when will de selfish attitudes of man
be wish away
when will de malice in his heart
vanish into thin air
or will man instead disappear in despair

man like to tear down
de t'ings that he create
are humans civilise when
spreading hate
can't we all live as one
fuh all them wars to done
meking sure that love has won?

there is too much hate in de worl'
too much strife on mother earth today
there is too much war in de worl'
unite to mek de worl' better today
leh we hold han's wid our brotherman
leh peace on earth be de worl' plan
fuh we all must live as one

WOMAN

woman
yuh cold sweats shed blood
under moons where massa stood
but yuh turn an' sing de blues
wearing ancestral shoes
guiding yuh childrun through

woman
yuh trod earth too far
so obstacles cannot bar
yuh eyes from seeing de truth
burning widin yuh soul
shining across de worl'

> *so sing*
> *uh love song*
> *sing it loud an' strong*
> *so sing*
> *uh love song*
> *leh yuh love guh roung*
> *geh them thanks an' praises*
> *fuh their sacrifices*
> *an' de love they give*
> *to me an' you*

woman
yuh must stand up strong
fuh yuh din't do nuttun wrong
though some will rise an' cast blame
woman is divine flame
spelling out i-jah name

woman
keep yuh head up high
yuh is de giver of life
that vibrate from deep widin
from earth, fire an' win'
is love that yuh do bring

(chorus)

woman
retrace now yuh steps
fuh enough yuh have wept
so try now to understan'
why them drew up uh plan
relegating woman

woman
tek yuh rightful place
it is now that
yuh must mek haste
there is nuh time now to wait
please do wuh life dictate
an' save earth from hell gates

so sing
uh love song
sing it loud an' strong
so sing
uh love song
leh yuh love guh roung
geh them thanks an' praises
fuh their sacrifices
an' de love they give
to me an' you

DOING IT SAF #1

i'm doing it saf
real saf
cause i'm caught up in history
stuck with uh memory
that don't' leh muh fuhget muh destiny
uh cross de water
but guh back from time to time
chanting riddims silently through
de middle passage of muh mind

so i'm doing it saf
real saf
cause i never stop remembering
that i an' i was uprooted
an' get blown like seeds through de wind
i never stop remembering
de banning of de drums
that tell de story of muh history
but de plantations could not de-plant
de root of ever' riddim an' chant
buried in de musical expressions
from all de islan's

so i'm doing it saf
real saf
cause i am de blues crying
muh tears is de water in de crossing
them wash muh eyes
of de brain-washing
now i see Shango dance to salsa
an' hear Africa singing

calling fuh she childrun
in ever' hip hop dancehall
black diaspora riddim

so i'm doing saf
real saf
cause it's uh ringbang sensation
uh spiritual meditation
carr'ing muh back back
deep deep down in muh mind
where there's nuh time
only pure relaxation
uh natural vibration
played pon uh saf saf riddim
yes cool slow an' saf
slowww an' saf
saf
saf
safffff

i'm doing saf
saf from de busy day
from de headache of work
stress at de bank
uh can't thank this vibe enough
fuh getting muh outtuh de rough
so keep de music slow
don't be in uh rush
turn it down soft soft
down in our minds
until we find
de saf spot
yes uh could feel it
keep it there
please stay
an' don't say anything
just share in de feeling
fuhever let's keep it going
slow an' saf
r e a l l l saf
real real saf

i'm doing saf
saf from de jump an' wave
from de bacchanal an' carnival
from de envious faces an' disturbances
so let's keep it saf
to reach uh sensual meditation
musical moments of relaxation
fuh we to get hypnotise
riding through space an' time

pon de bass line
until we experience de moment
when yuh unite wid muh vibration
where de drums explode in silence
shhhhhh…don't talk be quiet
bask in de enjoyment
tek yuh time don't be in uh rush
just be saf
do it r e a l l l l l saf
real real saf

i'm doin it saf
saf because this is my time
my time to be away from it all
to heed de silent call
eccuhing from deep widin
floating through de win'
let de candle light enwrap us
locking we 'way from de external fuss
let de keys from de piano
unlock de door of we hearts
wid soothing chord progressions
to enchant we wid magic
entrancing muh to play music
saf saf music pon de slide trombone
that will take us home
vibrating notes of poetic ecstasy
to carr' we pon uh journey
so don't be in uh hurry
slow down
do it saf
r e a l l l saf
real real saf

LEH MUH PLAY

there's none as fine as you
yuh mek outtuh gold
yuh shine like silver
short sexy an' slender
leh muh put muh lips pon yours
leh muh slide muh han
up an' down
all night long
leh muh play
leh muh play
leh muh play

there's none that sound like you
yuh is scream so sweet
meking men weak
so soothing yuh is speak
seduce muh like de rest
leh muh see if uh could
stan de test
be de best
leh muh play
leh muh play
leh muh play

there's none that move like you
yuh is get in de mood
stay in tune
saf reggae or blues
an' yuh is get soooo horny
so leh muh use muh tongue
to mek yuh groan

miss trombone

*I pay tribute now to some of the men who were also seduced
and helped me to understand ms. trombone:*

*trevor walcott, lambert philips, wayne walcott,
fred wesley, james pankow, bill watrous, urbie green,
julian priester, don drummond and j.j. johnson.*

UH COME BACK NOW

them tek muh up
them lick muh down
an' bring muh long
'cross de ocean
an' pon this lan'
them ain' leh muh stan'
but downpress muh pon
dis little Englan'
so uh tilt muh hat
an' bow muh head
fuhget de dance
an' de white fowl-cock that dead
fuhget de trance
fuhget muh name
an' call muh woman uh *dame*

it was licks
in de name of de crown
an' if from start
uh wasn't smart
uh couldn't come back now
fuh uh hide muhself
down in muh soul
down in there so
them couldn't go
an' dah is why
uh chanting loud
how uh come back now

       come back now
       come back now
      now uh come back now

uh come back now
come back now
now uh come back now

an' all roung Ticketts
them shoot muh down
them cut off muh han'
to change muh stan'
but all bout there uh run
uh fight fuh awhile
but had nuh fun
fuh not one war uh won
an' them kill muh off
in de conga drum
but uh did drink rum
an' show muhself
in de riddim
an' de mood
of de tuk drum

an' down uh went
in cassava pone
it mek muh remember home
down in jug-jug
down in conkie
uh change ever'ting
that them lick in me
but foolish he
them couldn't see
Africa still in me
walking 'cross field
heading basket
selling tyme
in de market

but foolish he
them couldn't see
Africa there
in "dah there"
an' in "fuh"
in getting in de power
pon revival night
an' wukin up stink like shite

so uh come back now
in El Verno licks
in Shilling guitar
an' fighting bad wid sticks
uh come back now
in Kadooment day
in Bussa statue
pon de Errol Barrow Highway
i in Akyem
Gabby knows
packing Queen's Park
wid "Laff it Off"
i in Kamau's poetry
fuh it is i that hide
muhself from muhself
an' now uh come back now

> *come back now*
> *come back now*
> *now uh come back now*
> *uh come back now*
> *come back now*
> *now uh come back now*

UH SMALL GIANT OF UH MAN

out of Chalky Mount clay
he sculpture we history
preserving fuhever
de faces that matter
from de Belleplaine soil
he set we free
resurrecting Bussa
from down in we psyche

like de symbols of time
that he freeze in bronze
at Cawmere he turn
we lives aroung
meking we see
de beauty of art
an' de qualities sport
is bring to de heart

now uh wonder
when he guh long home
who will carve
we culture in stone
so befo' his mission end
leh muh say fuh de nation
thank you
oh thank you Karl Broodhagen

he's uh small stature of uh man
but stan like uh giant wid clay in he han'
uh small statue of uh man
art is de light that he hold in he han'

CARIBBEAN CULTURE

culture
caribbean culture
down in we heart
it get put in here
down in we heart
de slaves put it there
down in we heart
de culture there will stay

Rock Hall village
brek de chains
now pon de town
we culture come long down
so we ruk-a-tuk
an' bum-ba-tuk
wuk up to de drum beat
an' out we soul
jump from de hole
nuh room to lime
in Barbados
Crop Over time

in Trinidad
Rudder come back
from Laventille
wid de Shango riddim
in de iron an' steel
as de pan men beat
we history
de soca engine in glory
fuh Resistance there
in Port-of-Spain

so, Butler an' Spree
wunnuh wuk
was not in vain

    (chorus)

Francois playing
de saxophone
uh Castries struggle
in uh Martinique home
uh islan' blues call zouk
French colonies there
wid uh Caribbean riddim
so Kassav in Paris
wid de merengue
an' de grammacks still plugging 'way
so de freedom will come
to Port-au-Prince
an' in Legba name
Guadeloupe too
will be free de same

de sons an' daughters
of not long slaves
dance an' sing
in Cespedes Square
it's uh African vibe
that still down there
in de congo ritual in Santiago
so Fidel start at Moncado
an' up pon top
Casa Grande
uh santera
is chant an' pray
rising up deads

that down in we
that come to see
de black man soul
that will be free
in de lan' of Jose Marti

(chorus)

an' like uh fountain
flowing down
de Blue Mountains
de reggae beat
in de jam-town heat
it's uh rastaman vibration
singing songs of redemption
as dread locks grow
an' natties spread
it's irie-ites seen
as i an' i now wear an' fly
ites gold an' green
as de dance-hall dub
pop de chains
that hang we brains
an' beat in we ears
de conga drum
in de white man fear

culture
caribbean culture
down in we heart
it get put in here
down in we heart
de slaves put it there
down in we heart
de culture there will stay

CONSCIOUS

Marcus Garvey was uh conscious man
when he went to de U.S.A.
de super power had uh racist face
so he cause it much disgrace
but house slaves rise one day
an' Garvey them undermine
them pack he back pon uh boat
an' lick down de Black Star Line
them lick down de Black Star Line

an' de Garvey men that stop behind
get put in de White House jail
fuh de U.S. was white
it must not change
it had to remain de same
so massa shout out loud an' clear
black man must not be
conscious again
conscious again
de black woman must not be
conscious again
conscious again

but in this colonial darkness
we ancestors were there in pray
de voodoo chant was dancing loud
an' it come back in art today
so Cleaver geh we *soul on ice*
while reggae-form Marley shone
an' de Shango lick up uh storm
but de voodoo chant din't stop wid art
cause we history was down in hell

so Legba sen' fuh Malcolm X Diop an' Ben
de past to we them tell

so in New York rose Elijah
in Jamaica i-rasta
though massa try an' try in vain
de black man get
conscious again
conscious again
de black woman get
conscious again
conscious again

then Luther King
came to change this t'ing
determine now to win
so he boycott this
he boycott that
boycott massa wish
then blacks rise up across de worl'
black power now was claim
Mandela did it in South Africa
he showed them that
freedom was de name of de game
freedom was de name of de game
so while massa try an' try
an' try an' try in vain
de black man get
conscious again
conscious again
de black woman now
conscious again
conscious again

82

POEM FOR YOU

i've written so many poems before
poems about war and strife
of poor people dying
and children crying
an' though i tried and tried
i could never write
a different poem
until yesterday
when i heard a dove cooing
now tonight i write
this poem for you

for when i look back
at the things i went through
the challenges the pain the blues
i will remember you
standing there
supporting me right through

and if life seems down
and the world turns on me
it's only you that i see
giving me the key
to unlock my soul
an' set me free

and though i don't know your name
right now uh feel your presence all de same
for you gave me hope
and you gave me life
you always make sure
that i get on by

for you are behind what I've become
and every thing I do
so this poem
yes this poem
i write for you

NOTES

Akyem (p.76): Ras Akyem is considered Barbados' and one of the Caribbean's finest painters.

battie-rider (p. 51): Short pants cut to expose part of a woman's buttocks

Bayleys (p.32): A plantation in Barbados where the 1816 slave rebellion took place.

Ben (p.27): One of the leaders of the abortive 1692 Slave Rebellion in Barbados.

Ben (p.82) Refers to African-American historian and author, Yosef A. A. Ben-Jochannan.

Bim (pp. 39, 40): A popular name for Barbados, also known as Bimshire, alluding to the island's colonial Englishness.

Black Star Line (pp. 81, 83): The Black Star Line was one of the enterprises established by Marcus Garvey in the 1920s to bring about the economic liberation and self-sufficiency of Blacks. As a result of Garvey's example, thousands of Black enterprises sprang up all over the United States and the world, pointing to the economic and industrial development of the race.

Blowers (p.25): A plantation in Barbados.

Blue Mountains (p. 17, 80): Mountains in Jamaica.

Broad Street (p.38): The main street of Bridgetown, the capital of Barbados.

bum-ba-tuk (p.78): Refers to tuk, the indigenous music of Barbados.

Bussa (pp.27, 76, 77): Leader of the 1816 slave rebellion of

Barbados and declared a National Hero by the Barbados Government in 1997.

Butler (p.79): Tubal Uriah Butler is one of the heroes of the labour movement in the Caribbean. Born in Grenada in 1897, he migrated to neighbouring Trinidad in 1921. There he became the leader of the labouring class and was at the forefront of their struggles in the 1930s against colonial conditions and the economic policies of the ruling class.

Casa Grande (p.79)   Hotel in the centre of Santiago De Cuba.

cassava pone (p.75): A sweet bread made from cassava flour, which has its origins in Africa.

Castries (pp.24, 58, 79): The capital of St. Lucia.

Cespedes Square (p.79): Located in the centre of Santiago de Cuba.

Chalky Mount (p.77): A place in Barbados famous for its clay pottery.

Chapman Lane (p.26): One of the lower-income communities in Barbados.

Cheapside (p.35): A place in Barbados.

chossels (p.20): girls

Church Village (p.28): One of the lower-income communities in Barbados, which is situated next to the Church of England's St. Michael Cathedral in Bridgetown.

Cleaver (p.81) Eldridge Cleaver was one of the outstanding articulators of Black consciousness in the United States in the 1970s. He saw himself as a "full-time revolutionary in the struggle for black liberation in America". His collection of essays, *Soul on Ice*, was considered a masterpiece.

86

Clement Payne (pp.26ff):　He was the inspiration of the 1937 riots that marked the beginnings of contemporary politics in Barbados. He is the subject of the poem, 'memorial fuh uh hero'. He is now one of the National Heroes of Barbados.

College Gate (p.27):　Refers to Harrison College, the premier school in Barbados, founded on the principles of the British public (private) school system.

conkie (p.75):　A Barbadian delicacy made from coconut, sweet-potato and pumpkin and stewed in banana leaves. Its origins are African.

Content (p.25):　A plantation in Barbados.

cou-cou (p.39):　The national dish of Barbados made from corn-meal. It has its origins in Africa.

Crop Over (p.76):　Barbados biggest arts and cultural festival.

Cuffie (p.27):　He was probably the mastermind of the abortive 1675 slave rebellion of Barbados. Described as an 'Ancient Gold Coast Negro', he was to be crowned King of Barbados had the rebellion been successful.

Diop (p.82):　Cheikh Anta Diop was arguably one of the greatest thinkers that 20th Century Africa produced. Born in Senegal, he was an anthropologist, physicist and revisionist historian. His works in these fields were all hugely influential on the development of Black consciousness.

Dunscome (p.25):　A plantation in Barbados.

El Verno (p.76):　Barbados' master drummer and percussionist.

Errol Barrow (p.76):　The Father of Barbados' independence, first Prime Minister and National Hero.

87

First village (p.25):   Refers to Rock Hall, St. Thomas which was the first freedom, free village in Barbados.

Francois (p.79):   Luther Francois – outstanding saxophonist from St. Lucia.

Gabby (p.76):   Barbados' foremost calypsonian and folk singer.

Garvey (pp32, 54, etc.):   Marcus Garvey, the National Hero of Jamaica, spent most of his active life in the United States. There, his efforts to gain recognition for the rights of Blacks made him one of the most significant architects of African nationalism. His works and teachings became the inspiration for Black liberation around the world.

Golden Square (pp.28):   A working-class area in Barbados where members of Garvey's Universal Negro Improvement Association and Clement Payne staged many political meetings in 1937.

hot peas & butter (p.11):   An old village game of Barbados.

Hillaby (p.17):   The tallest point of Barbados.

House of Assembly (p.13):   The Parliament of Barbados.

innuh fine castle (p.11):   An old village game of Barbados.

jimbees (p.9):   A form of African drum.

jug-jug (p.75):   A Barbadian dish served at Christmas time. It has its origins in Africa.

Kadooment Day (p.76):   The name of Carnival in Barbados.

Kamau (p.76):   World-renowned Barbadian poet and historian, Kamau Brathwaite.

Kassav (p.79):   Guadeloupean musical group.

"Laff it off" (p.76):   Name of a theatre production presented every year in Barbados.

Land of Jose Marti (p.80):   Refers, of course, to Cuba.

Laventille (p.78):   District of Port of Spain, which is famous for steel pan music.

Legba (pp.79, 81):   One of the orishas/deities of the Yoruba religion which became Santeria in Cuba.

Lower Green (p.28):   The place in Barbados where members of Garvey's Universal Negro Independence Association met and where Clement Payne staged many political meetings in 1937.

Luther (pp.53,82):   Refers to Martin Luther King.

Marine House (p.27):   It was the top hotel in Barbados during the 1930s and the venue for functions and social gatherings of the Plantocracy and ruling class.

mole (p.31):   mould, soil.

Moncado (p.79):   Military Headquarters in Santiago de Cuba, where the army of ousted dictator Baptista was stationed.

Nannie Grigg (p.27):   She was one of the architects of the 1816 slave rebellion in Barbados. She used her ability to read to inform the rest of slaves about what was taking place in Haiti and in London, particularly the debates over the abolition of slavery.

Northern Range (p.17):   The mountain range which stretches across the entire north of Trinidad.

Orishas (p.10):   Yoruba deities of the Santeria religion.

pailing (p.15):   Pailing or paling is a fence made to enclose a yard.

It is made from galvanised sheets – old or new – and nailed onto a wooden frame.

Prescod (p.27): Samuel Jackman Prescod was a coloured Barbadian. At the time of Emancipation and for years after, he was editor of the militant newspaper, *The Liberal*. He and his paper were regarded as the spokesmen of the coloured and black underclasses in their struggles against the plantocracy. The Government declared him a National Hero of Barbados in 1997.

Queens (p.34): Refers to Queen's College. It only recently became a co-educational high school, but was originally established for girls.

Queen's Park (p.76): Historic park in Bridgetown, Barbados, which is the centre of the arts and cultural activity.

Resistance (p.78): Brother Resistance, the pioneer of the performance poetry tradition of Trinidad & Tobago called Rapso.

Rock Hall (p.78): The first free village of Barbados, and the place where Adisa Andwele was born and still lives.

Rodney (p.32): Walter Rodney is the assassinated Guyanese scholar and historian. He is the author of the seminal book, *How Europe Underdeveloped Africa.*

Rudder (p.78): Refers to David Rudder, outstanding calypsonian from Trinidad & Tobago.

ruk-a-tuk (p.78): Refers to tuk, the indigenous music of Barbados.

Saf (pp.68, 70): Soft, and the name for Caribbean jazz.

Sambo (p.27): One of the leaders of the abortive 1692 Slave Rebellion in Barbados.

Santiago (p.79):   Second largest town of Cuba.

Sedge Pond (p.26):   The location of unprecedented and unexpected labour disturbances in colonial Barbados.

Shango (pp.68, 78, 81):   One of the Deities of the Orisha religion.

shed-ruf (p.24):   The sloping roof of an open kitchen attached to a chattel house. Chattel houses are wood houses, which were designed, if need be, to be taken apart, moved and reassembled.

Shilling (p.76):   Name of Barbados' most famous strolling minstrel.

skin-cuffin (p.22):   To tumble, to somersault

Soufriere (p.17):   The name of mountains in St. Lucia and St. Vincent.

"Spree" (p.79) Winston 'Spree' Simon, credited with discovering the steel drum (pan) in Trinidad, the most far-reaching invention of a new musical instrument in the 20th Century. It is now the national pride of Trinidad & Tobago and a feature of World Music.

tenantries (pp. 14, 26): groups of chattel houses, usually on plantation land, often associated with the stigma of their associations with slavery.

Ticketts (p.75):   A site of slave resistance in Barbados in the late 17th Century.

Tuk (p. 77) The indigenous rhythm (music) of Barbados. It is basically African rhythms played on English marching drums.

wunnuh (pp. 17 ff):   you all

zouk (p.79) One of the rhythms or music forms of the French-Caribbean. Its origins lie in Martinique and Guadeloupe.

ALSO BY PEEPAL TREE PRESS

Kwame Dawes
Requiem
1-900715-07-4
Poetry   56pp   £4.99

In these 'shrines of remembrance' for the millions of the victims
of transatlantic slavery, Kwame Dawes constructs a sequence
which laments, rages, mourns, but also celebrates survival.
Focusing on individual moments in this holocaust which lasted
nearly four hundred years, these poems both cauterize a lingering
infection and offer the oil of healing. In these taut lyric pieces,
Dawes achieves what might seem impossible: saying something
fresh about a subject which, despite attempts at historical
amnesia, will not go away. He does it by eschewing sentimental-
ity, rant or playing to the audience, black or white. His poems
go to the heart of the historical experience and its contemporary
reverberations.

   This sequence was inspired by the award-winning book by the
American artist Tom Feelings. The cover illustration is by Tom
Feelings.

Kwame Dawes (ed.)
Wheel and Come Again: An anthology of reggae poetry
1-900715-13-9
Poetry   216pp   £8.99

This is an anthology to delight both lovers of reggae and lovers of
poetry which sings light as a feather, heavy as lead over the
bedrock of drum and bass. *Wheel and Come Again* brings
together work which combines reggae's emotional immediacy,
prophetic vision, fire and brimstone protest and sensuous
eroticism with all the traditional resources of poetry: verbal
inventiveness, richness of metaphor and craft in the handling of
patterns of rhythm, sound and poetic structure. Its range is as
wide as reggae itself. There are poems celebrating, and some-
times mourning, the lives and art of such creative geniuses as
Don Drummond, Count Ossie, Lee 'Scratch' Perry, Bob Marley,
Big Youth, Bunny Wailer, Winston Rodney, Patra and Garnett
Silk. There are poems of apocalyptic vision, fantasy, humour and
storytelling; poems about history, culture, politics, religion, art,
human relationships and love; poems which employ standard
Caribbean English, poems written in Jamaican nation language
and many poems which move easily between the two.

Dorothea Smartt
Connecting Medium
1-900715-50-3
Poetry   72pp   £7.99

Connecting Medium links the past to the present, the Caribbean
to England, mothers to fathers. Here are poems about identity
and culture, generations and the future. A powerful sequence of
poems about a black Medusa. Poems that link the material world
to the spiritual one.

'Poems that recreate a sixties childhood in South London in
vivid detail. *Connecting Medium* is full of energy and life. Hers
is a bright, passionate voice.'
Jackie Kay

As Caribbean Woman move into the oras of their own con-
sciousness, wonderful new icons emerge to join Gort, Tacky,
Zumbi, TL, Galahad & the Midnight Robber - Tia, Fola,
Harriet's Daughter, Sister Stark and the Mary's: Prince,
Seacole, Wiggins, Wages, Yellow Mary, MaryAnn of the Shifting
Sand, GypsyMary and Mariana Grajales, to welcome a few.
Now for the first time we havin a Dread Mary. The Black
Medusa of this new voice in Caribbean poetry, this Brit born
Bajan international, is Dorothea Smartt, who will tangle you up
& burn you to stone.'
Kamau Brathwaite

Marc Matthews
A Season of Sometimes
0-948833-41-6
Poetry   71pp   £5.99

Is tattle I tattling / sooring I sooring / call an' refrain / serious
like bleeding cane.' Whether 'klasekal' or 'kweyol', these poems
deliver the subtlest of hits and the most serious of points behind
the camouflage of play. If *A Season of Sometimes* is short on
conventional English verse forms, it has its own strong sense of
structure within which to capture the rhythmic and verbal
inventiveness of the Caribbean voice without taming it.

  As he writes: 'If / Ah shop pon corna / na gie a wee Trus' /
wha mex say / Dem a go take / iambic pentameter.'

  Marc Matthews is Guyanese. He now lives in Britain. He is
an actor, was half of Dem Two.

  His first collection of poems, *Guyana My Altar*, won the 1987
Guyana Prize.

'...both intellectual and emotional considerations are splendidly
served...
his collection of poems resonates
with wisdom and wit...'
Andrew Salkey, *World Literature Today*.

Peepal Tree Press publishes a wide selection of outstanding fiction, poetry, drama, history and literary criticism with a focus on the Caribbean, Africa, the South Asian diaspora and Black life in Britain. Peepal Tree is now the largest independent publisher of Caribbean writing in the world. All our books are high quality original paperbacks designed to stand the test of time and repeated readings.

All Peepal Tree books should be available through your local bookseller, though you are most welcome to place orders direct with us. When ordering a book direct from us, simply tell us the title, author, quantity and the address to which the book should be mailed. Please enclose a cheque or money order for the cover price of the book, plus £1 / US$3.20 / CAN$5.50 towards postage and packing.

Peepal Tree sends out regular e-mail information about new books and special offers. We also produce a yearly catalogue which gives current prices in sterling, US and Canadian dollars and full details of all our books. Contact us to join our mailing list.

You can contact Peepal Tree at:

17 King's Avenue
Leeds LS6 1QS
United Kingdom

e-mail hannah@peepal.demon.co.uk
tel: 44 (0)113 245 1703
fax: 44 (0)113 245 9616